AF313894

Vente des 11 et 12 Décembre 1863

COLLECTION

de M. le Baron de S***

OBJETS D'ART

ET DE CURIOSITÉ

Me Ch. PILLET, Commissaire-Priseur

MM. MANNHEIM, Experts

PARIS. IMPRIMERIE DE PILLET FILS AÎNÉ
5, RUE DES GRANDS-AUGUSTINS.

CATALOGUE

D'UNE BELLE RÉUNION

D'OBJETS D'ART

ET DE CURIOSITÉ

Faïences italiennes de très-belle qualité,
des fabriques d'Urbino, de Faënza, de Trévise, de Mantoue, etc.;
Faïences de Perse; Verrerie vénitienne; Bronzes d'art et d'ameublement;
Sculptures en marbre et en ivoire; Orfévrerie; Brazeros en cuivre repoussé;
Porcelaines de Saxe, de Chine, du Japon et autres; Jolis Groupes et Figurines;
Très-beau Fauteuil en bois sculpté et doré du temps de Louis XIV,
ayant appartenu AU ROI STANISLAS;
Jolis Cabinets en ébène, avec incrustations d'ivoire;
Coffrets et Meubles divers; **Étoffes anciennes;** Guipures:
Très-belles Bordures et Torchères en bois sculpté et doré; Quantité d'Objets
variés des XVIe, XVIIe et XVIIIe siècles

COMPOSANT LA COLLECTION DE M. LE BARON DE S***

DONT LA VENTE AURA LIEU

HOTEL DROUOT, SALLE N° 1

AU PREMIER

Les Vendredi 11 et Samedi 12 Décembre 1863

A UNE HEURE

Par le ministère de Mᵉ **CHARLES PILLET**, Commissaire-Priseur,
rue de Choiseul, 11

Assisté de MM. **MANNHEIM**, Experts, rue de la Paix, 10

Chez lesquels se distribue le présent Catalogue.

EXPOSITION PUBLIQUE

Le Jeudi 10 Décembre 1863, de une heure à cinq heures.

CONDITIONS DE LA VENTE

Elle sera faite au comptant.

Les acquéreurs payeront, en sus des adjudications, *cinq pour cent*, applicables aux frais.

Paris. Imp. PILLET FILS AÎNÉ, rûe des Grands-Augustins, 5.

DÉSIGNATION
DES OBJETS

1 — Grand cabinet en bois d'ébène, avec incrustations d'ivoire, présentant à l'intérieur une très-belle architecture à colonnes cannelées et filets d'ivoire.

Il contient une quantité de tiroirs et secrets. Travail italien du XVIe siècle.

2 — Petit cabinet en bois d'ébène incrusté de filets d'ivoire, à deux portes ; les tiroirs à l'intérieur sont ornés de colonnes détachées à chapiteaux corinthiens en bronze doré, et de figures de même matière.

3 — Petit cabinet en bois des îles, avec incrustations d'ivoire gravé ; porte à abattant et tiroirs à l'intérieur ; écoinçons et anneaux en cuivre argenté.

4 — Grande et très-belle bordure en bois sculpté et doré.

enrichie de huit figurines d'enfants et d'enroulements du plus beau style italien.

5 — Deux consoles en bois sculpté, composées d'enfants, grandeur nature, de guirlandes de fleurs et fruits et d'enroulements. Travail italien

6 — Coffre de forme carrée, à couvercle en dôme, en maroquin rouge et ornements dorés.

Il est garni de clous à têtes saillantes en cuivre et d'anses à mascarons et dauphins. Il contient deux flacons en verre garnis en argent.

7 — Petit coffre en bois sculpté, à ornements dans le style du xvie siècle.

8 — Coffre oblong en maroquinerie, contenant un service en verre au blason gravé du doge Gradenigo ; garnitures des flacons en argent.

9 — Coffre de forme oblongue à couvercle bombé, entièrement couvert d'une marquetterie à losanges, ivoire et ébène.

10 — Plateau en argent de forme contournée et monté sur piédouche ; il est enrichi d'ornements gravés et de godrons repoussés dans le style de Boule. Epoque Louis XIV.

11 — Deux petits flambeaux en argent repoussé à ornements Louis XV.

12 — Deux vases de forme ovoïde, décorés de têtes de vieillards et de riches ornements en couleur sur fond bleu foncé ; faïence italienne de belle qualité.

13 — Vase de forme ovoïde, décoré d'un guerrier romain monté sur un cheval blanc, et d'une figure couchée ; le fond est entièrement couvert d'ornements d'une grande richesse ; faïence italienne.

14 — Deux plaques carrées en faïence de Castelli, représentant des jeux d'enfants ; dans leurs bordures en bois doré du temps.

15 — Plat en faïence hispano-arabe à décors irisés et portant un aigle sur l'ombilic.

16 — Grand plat rond en ancienne faïence de Savone, à figurines ailées en relief, et décoré de médaillons peints en camaïeu bleu.

17 — Plateau rond, offrant, au centre, une figurine debout en camaïeu bleu ; le reste du plat est entièrement composé d'ornements repercés à jour ; faïence italienne.

18 — Petite coupe ronde sur piédouche, décorée au centre de fleurs en couleur sur fond blanc ; le reste du plateau est orné de fleurs de lys repercées à jour.

Faïence de Mantoue.

19 — Marteau de porte en bronze, orné au centre d'une figu-

rine de guerrier debout, et sur les côtés de deux figures de femmes et d'un mascaron au bas.

20 — Deux figurines en bronze, génies debout, l'un jouant de la viole, l'autre de la mandoline. Travail italien.

21 — Deux torchères en bois sculpté, nègres debout, rehaussés de dorures et de couleurs.

22 — Deux petits vases à anses en ancienne faïence de Perse, décorés de fleurs et ornements en couleur sur fond blanc; l'un d'eux est enrichi d'ornements gaufrés.

23 — Bol en ancienne faïence de Perse, décoré de palmettes en couleur sur fond vert d'eau; qualité rare.

24 — Bol en ancienne faïence de Perse, décoré de feuillages en couleur et de médaillons gaufrés à quadrille.

25 — Figure d'enfant endormi et couché; jolie sculpture sur marbre tendre. Socle en bois sculpté et doré.

26 — Faune aux cimbales, en serpentine, sur socle rond de même matière. Travail italien d'après l'antique.

27 — Deux flambeaux formant cassolette, en spath fluor, monture en bronze doré au mat du temps de Louis XVI.

28 — Vase en cuivre rouge repoussé, avec deux têtes formant anses. Ce vase peut servir de jardinière.

29 — Petit brazero et son couvercle, en cuivre rouge repoussé, à mascarons, animaux et ornements divers.

30 — Deux burettes en verre de Venise, à fleurs et feuillages en relief et en couleur.

31 — Vase en ancienne faïence italienne de forme ovoïde, présentant un décor de queues de paon.

32 — Deux pots pourris en ancienne porcelaine de Frankenthal, à fleurs et feuillages en relief.

33 — Cabaret en ancienne porcelaine de Saxe, décoré de figures dans le style de Watteau, en camaïeu rouge, composé de : une théière, une boîte à thé, pot à crème, un plateau forme feuille, trois tasses et cinq soucoupes.

Ce lot pourra être divisé.

34 — Bassin rond à lobes, décoré au centre d'une figure de génie, le reste couvert d'arabesques et de grotesques.
Fabrique de Faenza.

35 — Coupe ronde à coquilles gaufrées, décorée de rinceaux en camaïeu bleu et portant au centre un Amour assis.

36 — Plat rond sur piédouche ; faïence de Trévise à quadrilles repercés à jour et à décors en bleu sur blanc.

37 — Plat ovale à bordure dentelée et à fleurs en relief sur

fond brun. Au centre, statuette au milieu d'un paysage. Marque de la fabrique d'Angarano, Vénétie.

38 — Coupe de forme contournée et gaufrée, décorée de palmettes et ornements divers. Au centre, Amour assis.
Faïence d'Urbino.

39 — Coupe de forme contournée, coquilles en relief à l'extérieur, et l'intérieur décoré de palmettes en couleur. Au centre, un saint personnage debout.
Faïence d'Urbino.

40 — Aiguière et son bassin en ancienne faïence de Trévise ; décors dans le style chinois sur fond blanc.

41 — Coupe ronde sur piédouche en verre de Venise blanc et filets bleus.

42 — Un petit seau à anse en verre de Venise craquelé.

43 — Aiguière de forme orientale à large base, goulot droit, anse et bec allongés, en ancienne porcelaine du Japon, décorée en bleu sur blanc.

44 — Vase en ancienne faïence de Delft, décoré d'oiseaux et d'ornements dans le style japonais.

45 — Vase en ancienne porcelaine de Buen-Retiro, à ceps de vigne en relief.

46 — Solitaire en ancienne porcelaine de Vienne à décors
  chinés. Il se compose d'un plateau à deux anses, de la
  cafetière, d'un pot à crême, d'un plateau à sucre et
  de la tasse.

47 — Service en ancienne porcelaine de Saxe, fond blanc à
  décors de fleurs et guirlandes de feuillage. Il se compose d'assiettes, de plats et de compotiers. Environ
  quatre-vingts pièces.
  Ce lot sera divisé.

48 — Aiguière et son bassin en cuivre jaune gravé à ornements divers, et portant l'un et l'autre un blason italien.

49 — Vase en forme de bouteille à large panse sphéroïdale,
  décoré de bustes dans des cartouches et d'ornements
  en couleur sur fond bleu. Faïence italienne.

50 — Vase de forme ovoïde à anses serpents, figures et ornements en couleurs sur fond blanc. Faïence italienne.

51 — Grand vase de forme ovoïde à deux anses, double serpents, décoré de figures sur fond blanc. Faïence italienne.

52 — Environ soixante plats et assiettes en ancienne porcelaine de Chine, décorés de volatiles en or et noir et
  à bordure à fleurs émaillées en bleu.
  Ce lot sera divisé.

53 — Tableau brodé en soie à la main ; ascension d'un saint
  évêque. Bordure italienne en bois sculpté.

54 — Deux tableaux en soie brodés à la main ; sujets tirés de l'Ancien Testament. Bordures en bois sculpté et doré du temps.

55 — Cinq fragments en os sculpté, à figurines, provenant d'un coffre vénitien gothique ; contenus dans un cadre en bois noir guilloché.

56 — La Vierge, saint Joseph et l'enfant Jésus, figurines en ivoire sculpté, en ronde bosse, contenues dans un cadre carré en écaille à moulures d'ébène.

57 — La Crèche, composition de six figurines en ivoire sculpté en ronde bosse, contenues dans un cadre rond.

58 — Deux chenets en bronze doré, du temps de Louis XV, à vases, fleurs et ornements.

59 — Six glaces appliques de forme contournée, à bordures en bois sculpté et doré. Epoque Louis XV.

60 — Lampe de suspension en cuivre repoussé et argenté, à figures et ornements.
Une autre semblable.

61 — Deux petits chenets en bronze, style rocaille, garnis de leurs fers du temps.

62 — Quatre aigles, grandeur nature, en bois sculpté et doré,

provenant de la bibliothèque de la confrérie de Saint-Jean. Travail italien, d'un beau caractère, du XVIIe siècle.

63 — Bassin rond à lobes en ancienne faïence de Trévise, décoré d'un paysage sur fond bleuâtre.

64 — Jardinière de forme contournée en faïence de Trévise, décorée de fleurs.

65 — Grand et magnifiqne fauteuil du temps de Louis XIV, en bois sculpté et doré, à ornements du plus grand style, garni en velours rouge.

Ce fauteuil provient du palais du roi Stanislas, à Nancy, et a été publié dans le *Moyen Age pittoresque* (pl. n° 13). Paris, chez Veith et Hauser.

66 — Quatre belles glaces appliques de forme contournée, enrichies d'ornements et d'un blason surmonté de la couronne de doge, finement gravées et à bordures en bois sculpté et doré, avec incrustation de verre bleu' de Venise. Objets gracieux et rares.

67 — Bordure italienne en bois sculpté et doré; elle est de forme ovale et se compose d'une guirlande de fleurs soutenue par deux Amours voltigeant sculptés en ronde bosse.

68 — Deux guéridons en bois sculpté; le pied est formé d'une figurine d'enfant se terminant en rinceau.

69 — Deux petits nègres debout, en bois sculpté peint et doré, sur socles repercés à jour.

70 — Pendule italienne de forme carrée à dôme, en écaille de l'Inde, à pieds en bronze doré.

71 — Tapis de table ou portière en soie rouge à blason, fleurs et ornements très-richement brodés en relief, en soie, en or et en argent.

72 — Grand et très-beau couvre-pieds en soie blanche écrue richement brodé à fleurs et ornements en soie de couleurs. Il a conservé ses franges et glands du temps. Époque Louis XIV.

73 — Grande et belle couverture en soie rouge à fleurs et ornements brochés en or et en argent.

74 — Grande couverture de lit en brocatelle italienne à fleurs et rinceaux, en jaune orangé sur fond vert clair.

75 — Petit cabinet ébène et écaille à bustes et figurines en bronze.

76 — Deux grands et beaux vases à couvercles, en ancienne porcelaine de Chine à fleurs émaillées et à riches bordures.

77 — Grande Vasque en ancienne porcelaine de Chine fond bleu lapis, à décors d'or, montée à anses, gorge et piédouche en bronze doré.

78 — Vase forme balustre en ancienne porcelaine du Japon, décors bleus sur blanc.

79 — Trois tasses, quatre soucoupes et une cafetiére en ancienne porcelaine de Saxe, gaufrée à ornements et à médaillons de paysages enrichis de figures. Les tasses sont dorées à l'intérieur.

80 — Douze assiettes en ancienne porcelaine de Venise, de même décor que le service de Saxe, portant le n° 47.

81 — Petite bouteille en ancienne porcelaine du Japon; monture de style oriental en cuivre doré.

82 — Garniture de cinq pièces en ancienne porcelaine de Chine, décorée de fleurs en couleurs et or.

83 — Cinq compotiers en ancienne porcelaine du Japon à décors de fleurs.

84 — Deux petits plateaux en ancienne porcelaine du Japon à décors de fleurs et ornements.

85 — Grand et beau compotier en ancienne porcelaine du Japon à décors de fleurs sur fond blanc.

86 — Joli groupe en ancienne porcelaine de Saxe : Berger et Bergère.

87-92 — Douze jolis groupes et figurines en ancienne porcelaine de Saxe et d'Allemagne, qui seront vendus séparément.

93 — Coupe d'accouchée et son couvercle, en ancienne faïence d'Urbino, de belle qualité et de forme gracieuse, décorée de figures à l'intérieur et d'arabesques au dehors.

94 — Un vase en ancienne faïence italienne, de forme ovoïde, décoré de bustes et de trophées en couleur. Fab. de Castel-Durante.

95 — Un autre, de même forme et de décor analogue, mais sans buste.

96 — Deux vases en ancienne faïence italienne, décors de rinceaux et bustes en couleurs, sur fond bleu.

97 — Deux vases de forme cylindrique, de même faïence et de décors analogues.

98 — Deux vases de forme ovoïde en ancienne faïence de Castel-Durante, décorés de bustes de guerriers et d'ornements en couleur, sur fonds jaunes, bleu et vert alternés.

99 — Deux vases de forme ovoïde en faïence italienne, à décors de trophées, sur fond jaune.

100 — Beau vase, de forme ovoïde, à piédouche et gorge, en

faïence, fond bleu, à décors de trophées et médaillon à figure de saint Michel. Fab. de Pesaro.

101-110 — Dix paires de cornets en ancienne faïence italienne, de décors variés. Seront vendus par paires.

111-113 — Douze plats en trois dimensions, décorés de paysages, monuments, ruines et figures.

Faïence ancienne, portant trois différentes marques de la fabrique d'Angarano, près Bassano.

Ils seront vendus par lots.

114 — Grand et beau plat rond à ombilic, coquilles et palmettes en relief, décoré en bleu sur fond jaune et à figures et ornements divers, dans le style de San-Sovino, en couleurs, sur fond blanc.

115-117 — Plusieurs plats et assiettes en ancienne faïence de Perse, qui seront vendus séparément.

118 — Petit bol en ancienne faïence de Perse, décoré de fleurs en couleur.

119 — Cinq petites tasses en ancienne faïence de Perse.

120 — Gracieux petit vase avec couvercle et à anses à enroulements ; décoré d'arabesques.

Ancienne faïence de la fabrique Delle Nove, près Bassano.

121 — Petite coupe en faïence d'Urbino, formée de coquilles, décorée à l'intérieur d'une Vénus debout.

122 — Petit vase hispano-arabe à deux anses, à décors mordorés.

123 — Gros vase de forme ovoïde, en ancienne faïence vénitienne décorée dans le style persan.

124 — Deux petites cruches en terre cuite gravée, et rosaces en relief portant des traces de dorure; à l'intérieur se trouvent des ornements modelés en relief, garnissant le fond et les parois. Travail oriental très-ancien.

125 — Bassin en faïence hispano-arabe.

126 — Grande et belle plaque, de forme carré-long, en faïence de Castelli. Sujet mythologique.

127-128 — Quatre plaques de forme carré-long, en ancienne faïence de Castelli; sujets divers.

Elles seront vendues par paires.

129-131 — Six plaques rondes en ancienne faïence de Castelli, décorées de sujets champêtres.

Seront vendues par paires.

132 — Deux plaques rondes en ancienne faïence de Castelli, décorées de figures.

133 — Petit plat en ancienne faïence de Castelli ; décoré, au
centre, d'un paysage, et bordure à Amours, guirlandes de fleurs et fruits.

134 — Petit chauffe-mains en ancienne faïence de Vicence,
repercé à jour ; le bouton du couvercle est formé
par un oiseau.

135 — Petit plat en faïence de Castel-Durante ; au centre, un
Amour ; bordure à trophées.

136 — Petit plat en faïence d'Urbino ; l'Apocalypse.

137 — Deux cruches en ancienne faïence de Perse.

138 — Une tasse et sa soucoupe en porcelaine, décorés de
fleurs en camaïeu lilas, d'un chiffre et d'un blason mi-
parti des Médicis ; ancienne porcelaine de Florence.

139 — Plat en faïence de Moustiers, de forme contournée
à sujet, représentant le Paradis terrestre.

140 — Vase à anse et goulot en ancienne faïence de Castel-
Durante, décoré d'un buste et d'ornements en couleur.

141 — Deux vasques ovales festonnées, en faïence italienne ;
décors bleu sur fond blanc.

142 — Une grande vasque festonnée en faïence italienne, à
décors bleu sur blanc.

143 — Deux plateaux ronds montés sur piédouche, en faïence; fond blanc et décors bleus.

144 — Gueux en faïence brune, à bustes en relief; fabrique de La Badia, près Rovigo.

145 — Deux plats en faïence hispano-arabe, à décors bleus et mordorés.

Seront vendus séparément.

146 — Salière en faïence italienne, en forme de dragon ailé.

147 — Fontaine et son bassin, en faïence fond blanc, à décors en camaïeu violet.

148 — Soupière de forme contournée en faïence de Marseille, décorée de fleurs en camaïeu jaune.

149 — Garniture de cinq pièces en ancienne faïence de Delft; décor bleu sur blanc.

150 — Garniture de cinq pièces en ancienne faïence de Delft, de forme hexagone, à côtes, et décor bleu sur blanc.

151 — Trois plats ovales en faïence de Trévise, à décors de fleurs.

152 — Deux autres petits plats ovales, de même fabrique, à bordures à jour.

153 — Deux corbeilles avec couvercles et leurs plateaux en
ancienne faïence de Trévise.

154 — Petit plat ovale en faïence italienne, à figures et ornements en relief, décorés en blanc sur fond bleu.
Fab. d'Este.

155 — Deux vases de forme ovoïde, à deux anses torses ;
faïence de Castel Durante, décorée de fleurs sur
fond bleu.

156 — Cuvette en ancienne faïence italienne, décorée à l'intérieur d'un buste et d'arabesques en couleurs.

157 — Petite bordure ovale à fleurs et enroulements en fili-
grane d'argent. Époque Louis XIII.

158 — Petite coupe ronde en verre de Venise, sur piédouche, à
balustre à côtes.

159 — Autre petite coupe, de même genre, le plateau à bos-
selages portant quelques traces de dorure.

160-170 — Quantités de coupes, plateaux, vases, etc., en verre
de Venise, dont quelques pièces à ailerons. Seront
vendus par lots.

171 — Coupe de forme ronde, en émail de Limoges, par Jean
Laudin, décorée de figures en grisaille à l'intérieur,
et à l'extérieur de fleurs en couleur et rehauts d'or.

172 — Une paire appliques porte-cannes en fer forgé, à rinceaux, et dorés.

173 — Une paire appliques porte-cannes, de forme contournée, en fer forgé, à feuilles et ornements dorés en partie.

174 — Trois supports en fer forgé peint et doré. Travail italien du temps.

Seront vendus séparément.

175 — Grande vasque ou jardinière de forme ovale, en cuivre rouge repoussé, à godrons et à anses à enroulements.

176 — Deux plats en cuivre repoussé à figures et ornements et argenté.

Seront vendus séparément.

177 — Deux petites figurines en bronze. Appollon et Diane debout. Travail italien.

178 — Petite écritoire en bronze, surmontée d'une figurine de guerrier debout.

179 — Lanterne de gondole vénitienne, en cuivre jaune.

180 — Sonnette en bronze du XVIe siècle, à frise d'animaux.

181 — Deux flambeaux en bronze, modèle du XVIe siècle.

182 — Deux flambeaux en cuivre poli, à ornements dans le
style du xvie siècle.

183 — Deux flambeaux en cuivre poli ; modèle oriental.

184 — Pendule en vernis Martin, garnie de bronzes.

185 — Étui porte-cuiller en cuir gaufré, à ornements et blason ; xvie siècle.

186 — Deux poissons en grès émaillé de la Chine.

187-195 — Belle réunion de vases, coupes et amphores en
terre de Nola et de la Basilicate, de diverses dimensions, qui seront vendus séparément ou par lots.

196-197 — Quelques bronzes étrusques grecs et romains ;
ustensiles et figurines, qui seront vendus par lots.

198 — Deux flambeaux en cuivre jaune repoussé, à colonnes
torses.

199 — Cafetière, sucrier et deux porte-tasses en cuivre repoussé et doré. Travail oriental.

200 — Deux seaux vénitiens en cuivre rouge repoussé, à
godrons et canneaux creux.

201 — Deux vases ronds en cuivre jaune, à mascarons et anneaux mouvants.

202 — Coupe ronde, en jade vert.

203 — Petite pendule Louis XV, en marquetterie.

204 — Petit nécessaire de poche, contenant deux cuillers, deux fourchettes et un couteau en cuivre doré.

205 — Char en corail, traîné par deux chevaux, en bronze doré.

206 — Petit nécessaire dont les ustensiles en argent sont enrichis de petits bustes. xvie siècle.

207 — Plusieurs cruches en grès de Flandre.

208 — Fort lot de belles guipures anciennes, qui sera divisé.

209 — Encrier en faïence napolitaine, orné d'une figurine d'enfant.

210 — Très-grand plat en faïence de Castelli, présentant au centre un sujet tiré de l'histoire romaine et le bord orné de grotesques. Diam. 64 cent.

211 — Autre très-grand plat, en faïence de Castelli, présentant un sujet analogue et bord à trophées. Diam. 64 cent.

212 — Statuette équestre de Marc-Aurèle en bronze, sur socle de même métal.

> Cette pièce est remarquable par la finesse de son exécution et sa grande légèreté.

213 — Buste de Pâris, en marbre blanc sculpté. Grandeur nature.

214 — Deux dessus de consoles, en marquetterie de bois, ivoire et nacre, gravés, à sujets de personnages. Travail italien du temps de Louis XIV.

215 — On vendra sous ce numéro les objets omis.

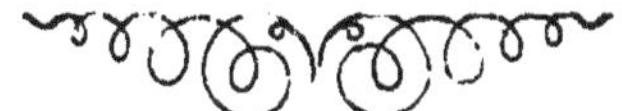

3. — Petit cabinet en bois des îles, avec incrustations d'ivoire gravé. — 220 fr.

4. — Grande et très belle bordure en bois sculpté et doré, enrichie de huit figurines d'enfants et d'enroulements du plus beau style italien. — 240 fr.

5. — Deux consoles en bois sculpté, composées d'enfants, grandeur nature, de guirlandes de fleurs et fruits et d'enroulements. Travail italien. — 335 fr.

12. — Deux vases de forme ovoïde, décorés de têtes de vieillards et de riches ornements en couleur sur fond bleu foncé ; faïence italienne de belle qualité. — 306 fr.

15. — Plat en faïence hispano-arabe à décors irisés. — 160 fr.

32. — Deux pots pourris en ancienne porcelaine de Capo di Monte, à fleurs et feuillages en relief. — 300 fr.

48. — Aiguière et son bassin en cuivre jaune gravé à ornements divers. — 244 fr.

65. — Grand et magnifique fauteuil du temps de Louis XIV, en bois sculpté et doré, à ornements du plus grand style, garni en velours rouge. — 1,550 fr.

Ce fauteuil provient du palais du roi Stanislas, à Nancy.

68. — Deux guéridons en bois sculpté ; le pied formé d'une figurine d'enfant se terminant en rinceau. — 630 fr.

86. — Joli groupe en ancienne porcelaine de Saxe : Berger et Bergère. — 155 fr.

93. — Coupe d'accouchée et son couvercle, en ancienne faïence d'Urbino, décorée de figures à l'intérieur et d'arabesques au dehors. — 200 fr.

96. — Deux vases en ancienne faïence italienne, décors de rinceaux et bustes en couleur, sur fond bleu. — 178 fr.

97. — Deux vases de forme cylindrique, de même faïence et de décors analogues. — 192 fr.

98. — Deux vases de forme ovoïde en ancienne faïence de Castel-Durante. — 200 fr.

114. — Grand et beau plat rond à ombilic, dans le style de San-Sovino, en couleurs, sur fond blanc. — 232 fr.

REVUE DES VENTES PUBLIQUES.

—

Objets d'Art et de Curiosité]

COLLECTION DE M. LE BARON DE S***.

—

Vente des 11 et 12 décembre 1863.

Me *Charles Pillet*, commissaire-priseur;
MM. Mannheim, experts.

—

La variété des objets composant cette jolie collection et la valeur réelle d'un certain nombre d'entr'eux, donnaient à la vente un intérêt que les prix obtenus n'ont pas démenti :

1. — Grand cabinet en bois d'ébène, avec incrustations d'ivoire, présentant à l'intérieur une très belle architecture à colonnes cannelées et filets d'ivoire. — 581 fr.
Travail italien du seizième siècle.

———

(1) Cette *Sainte Famille*, avec un cheval et un jeune garçon au dernier plan, fut achetée, après la mort de Charles Ier par Don Luis Mendez de Hars, et offerte par lui à Philippe IV. Elle orne maintenant l'Escurial.

pied formé d'une figurine d'enfant se terminant en rinceau. — 6;0 fr.

86. — Joli groupe en ancienne porcelaine de Saxe : Berger et Bergère. — 155 fr.

93. — Coupe d'accouchée et son couvercle, en ancienne faïence d'Urbino, décorée de figures à l'intérieur et d'arabesques au dehors. — 200 fr.

96. — Deux vases en ancienne faïence italienne, décors de rinceaux et bustes en couleur, sur fond bleu. — 178 fr.

97. — Deux vases de forme cylindrique, de même faïence et de décors analogues. — 192 fr.

98. — Deux vases de forme ovoïde en ancienne faïence de Castel-Durante. — 200 fr.

114. — Grand et beau plat rond à ombilic, dans le style de San-Sovino, en couleurs, sur fond blanc. — 232 fr.

137. — Deux cruches en ancienne faïence de Perse. — 131 fr.

221. — Très grand plat, en faïence de Castelli, représentant un sujet tiré de l'histoire romaine. — 221 fr.
Diamètre, 64 centimètres.

212. — Statuette équestre de Marc-Aurèle en bronze, sur socle de même métal. — 305 fr.

G. FRANCHEMONT.

'eaux : **Rue St-Georges, 43.**

EUR DE!

REVUE PERMANENTE

ITIONS ET DES VENTES

᠇ LES MARDI ET VENDREDI PENDANT LA SAISON DI

S MOBILIERS, LIVRES RARES, OBJETS D'ART

Journal artistique paraissant 80 fois

CE : Un an, 20 francs. — Six mois, 15 francs. —

vénéré président de la Société des Antiquaires de Picardie. C'est lui qui avait été le promoteur des expositions artistiques d'Amiens. M. de Betz leur a consacré trente ans de sa vie et a beaucoup contribué à la fondation du Musée Napoléon. Amiens pleure un homme des plus distingués, dont l'unique préoccupation a été le beau et le bien.

— Lundi prochain aura lieu une très jolie vente de terres cuites que nous signalons avec plaisir aux amateurs : elle est composée en grande partie d'œuvres originales de M. d'Osmond, un statuaire dont on a pu apprécier le talent à l'Exposition des Beaux-Arts appliqués à l'Industrie. Ses groupes, statuettes, bas-reliefs, médaillons, unissent à la grâce des compositions un faire très soigné et très délicat. C'est tout un musée mythologique et poétique. On

promoteur des expositions artistiques
Amiens. M. de Betz leur a consacré trente
s de sa vie et a beaucoup contribué à la
dation du Musée Napoléon. Amiens
ure un homme des plus distingués,
nt l'unique préoccupation a été le beau
le bien.

— Lundi prochain aura lieu une très
ie vente de terres cuites que nous signa-
s avec plaisir aux amateurs: elle est
nposée en grande partie d'œuvres origi-
es de M. d'Osmond, un statuaire dont
a pu apprécier le talent à l'Exposition
Beaux-Arts appliqués à l'Industrie. Ses
upes, statuettes, bas-reliefs, médaillons,
ssent à la grâce des compositions un
e très soigné et très délicat. C'est tout
musée mythologique et poétique. On
uvera aussi divers ouvrages d'après Clo-
n, Falconnet, Houdon, Desbœufs, etc.
te vente se fera par le ministère de
Langoit, assisté de M. Febvre, expert.

— La reprise d'*Ernani* a eu lieu avant-
r devant un public d'élite. La salle était
ble. On a bissé avec enthousiasme tout
inale du troisième acte, une des plus
es pages de la partition. Mme de La
nge et Fraschini ont dit à ravir leur
nifique duo du dernier acte. Grand

Windsor (1).

Les ouvrages de Holbein à Windsor et à
Hampton Court donnent une idée très satis-
faisante de son talent comme protraitiste. Le
seul du genre historique est le *Noli me tangere*
de Hampton Court.

On évalue à cent cinquante le nombre des
tableaux appartenant à Henri VIII.

Le règne fort court d'Edouard VI n'offre
rien de mémorable. Holbein vivait encore,
était toujours patronné par la cour, et fit plusieurs fois le portrait du roi, outre un grand
tableau dans le vestibule de Bridewell, qui re-
présente *Edouard VI* donnant au lord-maire la
charte royale par laquelle il abandonne son
palais de Bridewell pour en faire un asile et un
hôpital.

Le caractère sanguinaire de Marie n'était
guère favorable en lui-même au progrès des
arts. Mais son époux Philippe avait reçu de son
père et transmit, du reste, à ses descendants,

---

(1) Une série de *fac simile* de ces dessins ont
été gravés par Bartolozzi, et publiés de 1792 à
1800, sous le titre de : *Imitations de dessins ori-
ginaux, par Hans Holbein, de la collection de Sa
Majesté... publiées par John Chamberlaine, con-
servateur des dessins et médailles du Roi*. Le prix
de l'ouvrage était de 950 fr. Depuis, les planches
sont tombées entre les mains de M. Henry Bohn,
de Londres, qui en a publié deux éditions à 400 fr.
et 145 fr.